NOUVEAU

PROJET DE RÉFORME ÉLECTORALE

POUR

ANNIHILER L'INTERNATIONALE

PAR UN ÉLECTEUR FRANÇAIS

LE PUY

IMPRIMERIE CATHOLIQUE DU VELAY (Freydier)

—

1874

A SON EXCELLENCE M. LE DUC DE BROGLIE

Vice-président du Conseil des Ministres.

AVANT PROPOS

Dans la loi électorale le suffrage sans degrés constitue la licence du vote et non sa liberté.

Pour être profitable au bien public, le vote, dans de justes limites, et en prenant une base raisonnable pour ne pas arriver à l'arbitraire, doit être proportionné à l'impôt moyen payé, car s'il est juste d'exiger un tribut plus élevé aux différents citoyens suivant leur fortune, il n'est pas moins juste d'exiger qu'ils contribuent par un vote plus ou moins pondérant, selon les garanties qu'ils offrent, aux affaires publiques. C'est de toute équité, par la raison que chaque citoyen peut arriver à la fortune par le travail, l'économie et la conduite. C'est la fortune des citoyens qui entretient la chose publique et qui sera toujours le thermomètre de l'influence et de la position des citoyens. C'est elle qui constitue la base universelle des sociétés modernes.

Le suffrage universel sans degrés ni proportions n'est pas autre chose que le communisme mis en pratique et sa conséquence dans notre pays, vu la mobilité du caractère français, est de rendre tout gouvernement impossible. En effet, par ce système électoral, les masses si faciles à séduire et dont le rêve sera toujours de renverser le pouvoir pour s'en emparer, porteront atteinte par leur vote hostile à la chose publique. Il est certain que si ces masses d'électeurs s'entendaient, nous serions conduits à la spoliation par les votes plus nombreux de ceux qui n'ont rien contre ceux qui possèdent. Ecoutez l'Internationale. Elle répète : Nous sommes le nombre, donc nous sommes la force. Electeurs prolétaires, serrons nos rangs au scrutin et à bientôt la revanche. Il est donc indispensable d'établir des garanties sérieuses dans l'application de la loi du suffrage universel pour empêcher le retour de la Commune et pour démontrer que le nombre, s'il produit la force, ne constitue pas le droit qui seul doit régir les nations.

DES RÉFORMES URGENTES

A apporter à l'organisation de la loi du suffrage universel, au point de vue de la sécurité publique pour annihiler l'Internationale.

PAR UN ÉLECTEUR

La loi électorale étant la base du gouvernement puisque l'électeur choisit le législateur, il serait nécessaire après nos désastres d'élaborer cette loi dans de meilleures conditions au point de vue de la sécurité publique trop négligée jusqu'à ce jour.

Retard qu'il serait nécessaire d'apporter à l'âge de l'électeur.

La première condition d'un bon vote consisterait dans un vote réfléchi. Pour l'obtenir dans ces conditions, il faudrait fixer à 25 ans le commencement de la vie électorale. Avant cet âge, le Français n'est pas formé comme conviction et ne connaît pas les intérêts de sa localité. De 21 à 25 ans il se trouve dans les camps, en apprentissage ou suivant des cours dans des villes étrangères, il ne connaît pas les tendances des

candidats que son vote doit nommer. Avant cet
âge, l'expérience pratique, les garanties résultant
des intérêts matériels ainsi que ceux de la famille
n'étant pas encore dévolus au citoyen, on a tout
lieu de craindre des votes imprévoyants dus à
sa trop grande jeunesse, tandis qu'après cet âge,
le verdict électoral sera émis par des hommes
formés. Au point de vue légal, le Français ne
pouvant se marier avant 25 ans sans l'adhésion
de ses parents, la loi croyant sage d'exiger cette
garantie. Il s'en suit que si l'on doit attendre 25
ans pour décider d'une affaire personnelle, on
doit à plus forte raison avoir la même maturité
d'âge pour décider des affaires publiques. Avant
cette époque de sa vie, le Français n'a pas mérité
d'organiser sa patrie par le vote, n'ayant pas payé
son tribut pour la défendre. Le retard apporté à
l'âge de l'électeur serait le seul moyen efficace
pour arrêter les variations si déplorables de l'esprit
public en France qui nous perdront comme la
Pologne, et pour arriver enfin à un gouvernement
stable.

Répression de l'abstention.

La seconde condition d'un bon vote consisterait
dans la répression de l'abstention. L'on s'étonne à
juste titre que le Français soit passible d'une
amende s'il refuse de remplir ses devoirs de jury
et de garde national et qu'il ne soit soumis à
aucune peine s'il refuse de remplir ses devoirs
d'électeur. Cependant l'abstention tue la France.
Le citoyen par sa coupable négligence apporte un
dommage préjudiciable à l'État. Est-il juste de

voir au moment du péril qui menace la patrie,
l'indifférence de ses enfants. N'a-t-elle pas le
devoir d'obliger chacun d'eux à la soutenir de
son vote.

Comme moyen pratique, une amende pécuniaire
au profit des bureaux de bienfaisance de la commune aurait une salutaire influence sur la paresse
de l'électeur et serait aussi méritée que la peine
appliquée au jury négligeant. En cas de récidive
de nouvelle abstention, une amende double ne
serait-elle pas juste et efficace. Enfin la radiation
temporaire du nom du défaillant sur les listes
électorales, clôturerait la pénalité du vote. Pour
qu'un Etat soit prospère, ne faut-il pas que les
forces vives du pays représentées par les hommes notables payant l'impôt et ayant de l'expérience, contribuent à l'organiser. (Ce qui n'a pas
lieu à cause de l'abstention.) Le vote par bulletin
blanc qui serait jugé comme vote d'opposition,
serait diminué par la loi nouvelle, l'électeur pouvant lui enlever cette signification par une indication insérée sur son bulletin.

Vote proportionnel à deux degrés.

La troisième condition d'un bon vote consisterait dans la réforme du principe électoral lui-
même. Bien des personnes pensent, avec raison,
qu'il n'est pas juste que le droit de voter soit
identique pour le possesseur comme pour celui
qui n'a rien. L'un représente le pays, ses intérêts,
et l'autre ne représente aucun intérêt public. Le
possesseur a tout intérêt à conserver, et celui qui
n'a rien tend à détruire, s'il est sans principes,

comme on l'a vu sous la Commune ; le premier
offre une garantie de son vote, le second n'en
offre aucune. Cependant la patrie se compose du
sol, il est équitable que ce sol qui nourrit le
citoyen et constitue la patrie soit représenté par
des possesseurs du sol et de ses intérêts : C'est
équitable. Dans ces conditions il semble juste,
pour sauvegarder le pays, d'exiger de l'électeur
la justification d'une garantie quelconque, c'est-à-
dire d'un impôt pour exercer le droit complet de
vote. Ne fût-ce que 40 francs de l'une des quatre
contributions, ce serait une garantie d'indépendance. Quelle indépendance avec les idées actuel-
les peut-on attendre de l'électeur qui vit au jour
le jour, quelle indépendance attendre de l'ouvrier
qui dépend de celui qui l'emploie, qui est en but
aux suggestions de l'Internationale. Ne votera-t-
il pas pour celui qui le gagnera. Ce ne sera pas
un vote libre. Au point de vue légal, celui qui ne
paie pas d'impôt, ne contribuant pas à fournir les
revenus de l'Etat, ne saurait avoir le même droit
à l'organiser par son vote que celui qui l'entretient. Voyez dans les associations de la vie civile
si celui qui ne contribue pas a le droit d'élire.
Pour élire il faut contribuer par soi-même, fournir des garanties matérielles. C'est la loi générale,
c'est même une nécessité politique, car celui qui
ne possède rien peut, par son mandataire, faire
décréter des impôts aux dépens de celui qui possède.
Il peut également être soudoyé dans son vote par
les ennemis de la chose publique, ce qui ne doit
jamais être toléré. La loi des garanties est si
nécessaire qu'elle existe partout. Pour le fonc-
tionnaire qui fournit cautionnement comme pour
le fermier qui donne hypothèque, même pour le

berger, car le maître exige qu'il ait plusieurs
bêtes dans le troupeau comme garanties envers
celles du maître. Le gage ou sens électoral existe
dans tous les Etats de l'Europe, la France exceptée.
Aussi le manque de cette garantie a-t-il été en
partie la cause de nos désastres et de la Commune.
Si par le vote sans degrés et mal organisé nous
laissons les communards arriver aux affaires, ils
décrèteront des lois abusives, alors la justice
sera bannie et la patrie en danger. Il est indispensable d'empêcher un tel état de se produire
en réclamant une garantie contre la surprise
universelle ou le suffrage universel comme il est
actuellement pratiqué. Aux Etats-Unis, pays plus
libéral mais plus conservateur que le nôtre, on
emploie le vote à deux degrés comme garantie
envers le pays. Pourquoi en France n'obtiendrions
nous pas ce que ce peuple indépendant juge
nécessaire à la sécurité publique ou au moins le
vote proportionnel à deux degrés, c'est-à-dire le
droit d'être électeur ou trentième d'électeur selon
les charges que l'on paie au pays en sorte que
ceux qui paient plus de 40 francs d'impôts soient
électeurs, ceux qui paient moins de 40 francs
d'impôts soient trentièmes d'électeurs, on obtien-
dra ainsi la juste mesure de l'opinion publique
sans avoir à redouter les votes des masses sans
garanties qui ne doivent jamais dominer.

Injustice d'empêcher l'électeur illettré de voter.

On désire généralement que l'électeur sache
lire. C'est un vœu qu'il est facile d'émettre, mais
qu'il est impossible et injuste de faire passer dans
la pratique en privant le lecteur illettré du droit

de voter. On peut être bon électeur, choisir un excellent candidat sans savoir l'inscrire sur son bulletin. Le manque d'instruction ne provenant pas de la faute de l'illettré, pourquoi le priver de ce droit. Si l'on exige le bulletin écrit, il le fera inscrire par un tiers, ne pouvant le faire lui-même. Ce n'est pas l'instruction obligatoire qu'il faut au pays, mais l'instruction libre, morale et professionnelle, avec des centres scientifiques spéciaux établis loin de la capitale, où les étudiants sont trop distraits, sauf pour les écoles de médecine à cause des hôpitaux et pour certaines spécialités.

Nécessité de rendre les chances de la lutte électorale égales

Dans les décrets sur les élections, on croit qu'il serait juste que les bulletins eussent même nuance et même dimension et le papier même volume, afin que la lutte fut égale entre les deux candidats.

Utilité de faire des affiches électorales identiques comme couleur.

Sur les affiches pourquoi ne pas exiger des couleurs uniformes et laisser croire qu'une circulaire électorale est entièrement semblable à un programme de bal public. Est-ce digne de la nation française.

Nécessité d'une répression énergique des abus pendant la crise électorale.

Ne serait-il pas également plus convenable que la distribution des bulletins électoraux fut interdite sur la voie publique et que l'électeur prit ses bulletins dans le vestibule de la maison de ville en permettant à chaque candidat d'en envoyer à domicile. La chasse faite aux électeurs est immorale comme toute pression exercée sur la décision du votant. Aussi toute suggestion exercée au moyen de la boisson devrait-elle être punie des amendes les plus fortes.

Défense du vote pour l'armée,

Dans la loi sur la réforme électorale qui ne saurait être trop approfondie, il serait indispensable, dans l'intérêt de l'Etat et de l'armée, que le soldat ne put émettre un vote parce que le soldat n'a pas l'âge voulu pour voter, parce qu'il est étranger à la localité où il tient garnison, parce que le vote désorganise la discipline dans l'armée, le soldat doit obéir comme c'est sa consigne et ne doit jamais se mettre en opposition avec ses chefs, même par le vote.

Dans ces conditions, l'armée dont le vote est inutile pour le pays où elle ne représente ni l'agriculture, ni l'industrie, ni le commerce, ni les arts, défendra l'Etat sans arrière-pensée d'ambition personnelle.

Pour représenter les intérêts militaires à la Chambre, le ministre choisira un nombre déterminé d'officiers-généraux, pris par ordre de mérite, ou parmi ceux qui sont actuellement à la Chambre, qui viendront siéger pendant une période de trois ans et se renouvelleront à tour de rôle. Toutefois cette loi n'aura aucun effet rétrospectif pour conserver les droits déjà acquis.

Condition d'éligibilité pour les candidats.

Pour compléter la loi électorale, bien des personnes pensent qu'il serait utile que les candidats aux suffrages de leurs concitoyens eussent 35 ans accomplis et possédassent des intérêts majeurs dans la région qu'ils désirent représenter. Ainsi tout candidat au conseil municipal devrait être électeur entier, tout candidat au conseil cantonal devrait payer 100 francs d'impôts dans le canton, tout candidat du conseil départemental devrait payer 200 francs d'impôts dans le département, dont il brigue les suffrages comme garantie de l'intérêt qu'il portera aux affaires de la région qu'il devra représenter.

Nécessité d'une longue session pour l'Assemblée.

On pense généralement qu'il est indispensable pour la prospérité publique que l'Assemblée nationale siége longtemps pour approfondir les affaires et qu'elle se renouvelle graduellement par quart tous les trois ans, pour éviter les crises et les secousses des élections générales; enfin, qu'elle se réforme par moitié à la fin de sa session pour éviter une transition trop brusque entre la nouvelle et l'ancienne Assemblée.

Réforme de l'organisation des assemblées délibérantes.

La nécessité se fait également sentir d'une nouvelle organisation des assemblées délibérantes pour donner satisfaction à tous les intérêts. C'est ainsi que cette hiérarchie commencerait par la municipalité, représentée par la commune, puis viendrait le canton représenté par le conseil cantonal. La province avec une démarcation nouvelle représentée par l'assemblée provinciale ; enfin la France, représentée par l'Assemblée nationale et le pouvoir représenté par l'assemblée des grands conseillers de province ou Chambre haute.

Formation de comités auditeurs.

Le bureau de ces assemblées issu du suffrage indépendant des électeurs, pourrait servir de centre électoral auditeur siégeant à la mairie pour entendre les candidats qui se produiraient pour les élections à venir. Pour donner une entière indépendance à cette réunion, le bureau, une fois l'assemblée réunie, cèderait sa place à un nouveau bureau élu au scrutin par les membres du comité lui-même. Ce comité s'adjoindrait pour cette circonstance des délégués de tous les citoyens. C'est-à-dire : 1° des plus fort imposés ; 2° des principales capacités de la circonscription en nombre égal à celui des plus fort imposés ; 3° des patrons des sociétés ouvrières et agricoles de la circonscription en nombre égal à celui du dixième des capacités qui représenterait les intérêts des classes ouvrières.

Le bureau de l'Assemblée délibérante complété comme il a été dit, écouterait les candidats à nommer pour le conseil cantonal. Le bureau de l'assemblée du conseil cantonal, ceux à nommer pour le conseil départemental. Le bureau du conseil départemental, ceux à nommer pour l'Assemblée nationale. On éviterait ainsi les réunions de clubs toujours dangereuses pour l'ordre public soudoyées par les partis, composées d'illettrés qui doivent voter mais non diriger, d'autant que les réunions de clubs sont anormales, puisqu'ils ne représentent pas des intérêts généraux, mais de minimes intérêts personnels. Cette nouvelle organisation des comités auditeurs rendrait les clubs inutiles et serait le vrai moyen pour arriver à des élections sérieuses pour détruire les partis par la concorde, pour choisir sans tumulte les citoyens les plus dignes et les plus intéressés au bien public.

PROJET DE LOI ÉLECTORALE

Tout Français âgé de 25 ans, payant 40 francs d'impôts de l'une des quatre contributions, n'ayant jamais subi aucune condamnation pour crimes ou délits et jouissant de tous les droits civiques, est électeur s'il a deux ans de résidence dans sa commune. Il est trentième d'électeur s'il paie moins de 40 fr. d'impôts ou s'il a moins de 2 ans de résidence dans sa commune. Les gens sans domicile et ceux qui ne paient pas d'impôts ne peuvent

être électeurs, vu qu'ils ne représentent pas d'intérêt public, mais des questions de personne.
Ces deux catégories d'électeurs qui constituent le
vote proportionnel à deux degrés, votent dans des
urnes distinctes de la couleur de leurs cartes, à
des heures séparées, soit : les électeurs entiers le
matin, les trentièmes d'électeurs le soir.

Tout électeur qui s'abstient de voter sans motif
valable de santé constaté par le médecin, est passible d'une amende de 50 fr. en argent ou en
journées de prestation selon sa fortune pour la
première fois au profit des bureaux de bienfaisance de sa commune. En cas de récidive, l'amende
sera triple et le nom du défaillant sera rayé des
listes électorales pendant un an. Le vote par bulletin blanc est considéré comme un vote d'opposition, l'électeur pouvant lui ôter cette signification
par une indication insérée sur son bulletin. Tout
électeur absent peut voter en envoyant à l'avance
au maire de sa commune, son vote et sa carte
d'électeur par lettre chargée.

Tout bulletin électoral devra avoir même dimension et même volume et être fait avec un papier
type fixé par décret et fourni par l'Etat, dit
papier électoral ayant même nuance.

Les affiches électorales seront faites sur papier
de même nuance et de même dimension, fixé par
décret pour diminuer les dissensions qui divisent
le pays et afin que les électeurs connaissent leurs
candidats autrement que par la nuance de l'affiche.
Il est défendu, sous peine de 500 francs d'amende,
de distribuer des bulletins électoraux dans les rues.

Tout candidat aux conseils électifs du pays
devra être âgé de 35 ans et devra payer 100 francs
d'impôts dans le canton qu'il désire représenter

et 200 francs dans le département où il désire être élu conseiller général ou député. Il est injuste qu'une personne étrangère à une localité ou qui n'y possède que des intérêts minimes, puisse la représenter, vu qu'elle n'y apportera le plus souvent qu'un faible intérêt, et alors sa candidature serait le fait de l'ambition personnelle et non de l'intérêt public.

L'armée ne vote pas, le vote étant contraire à la discipline militaire, les intérêts de l'armée et de la marine seront défendus à la Chambre pas des officiers généraux désignés par le ministre de la guerre, après examen et d'après le tableau d'avancement, pour une période de 3 ans renouvelable s'il y a lieu, et le temps qu'ils passeront à la Chambre leur sera compté comme campagne. Toutefois ce décret n'aura aucun effet rétrospectif pour les officiers déjà nommés.

Le bureau des assemblées délibérantes fera fonction de comité électoral directeur, siégeant à la mairie pour entendre les candidats à nommer aux élections pour un degré supérieur. Toutefois ce bureau sera remplacé à la première séance par un nouveau bureau élu au scrutin pour assurer à la réunion une complète indépendance. Ce comité directeur s'adjoindra pour la circonstance autant de plus forts imposés qu'il y aura de membres dans l'assemblée délibérante, plus les chefs des capacités de la région en nombre égal à celui des plus forts imposés, plus les directeurs ou patrons des sociétés ouvrières et agricoles de la circonscription en nombre égal au dixième de celui des capacités. Il ne faut pas que la réunion soit trop nombreuse, afin qu'elle puisse arriver à une entente facile et commune.

La nomination des présidents et vice-présidents des assemblées délibérantes, sera faite par le chef de l'Etat, soit parmi la moitié des membres ayant obtenu le plus de voix à leur nomination dans ces assemblées par la raison que tous ses membres sont également dignes de présider, étant issus du suffrage de leurs concitoyens, l'Etat devant choisir les plus capables de bien présider, ce que ne fait pas toujours l'électeur, soit transitoirement hors de ces assemblées jusqu'à l'application de la présente loi électorale.

Les membres des assemblées délibérantes seront élus individuellement et non par scrutin de liste, afin qu'il n'y ait aucune influence de camaraderie et que les uns ne fassent point nommer les autres.

Les délégués provinciaux qui seront au nombre de deux par arrondissements, seront nommés par les conseils généraux qui siégeront pendant 9 ans et se renouvelleront par tiers.

Les membres de l'Assemblée des grands conseillers des provinces ou Chambre haute, seront nommés moitié par le Chef du pouvoir et moitié par les nouveaux conseils généraux élus d'après la nouvelle loi électorale, ils seront nommés pour une période de 30 ans renouvelable par moitié tous les 15 ans. Ces grands conseillers seront choisis parmi les illustrations ou somités locales et d'après les lois en vigueur au Brésil, de manière à ce que toutes les hiérarchies de l'Etat soient représentées. Après 15 ans révolus, le même grand conseiller des provinces pourra être réélu pour une nouvelle période de 15 ans. Il y aura un député à l'Assemblée nationale par arrondissement et non par 35,000

âmes, vu que les députés représentent la circonscription territoriale qu'il est nécessaire de représenter. Il y aura un grand conseiller par 35,000
âmes dans chaque département qui se grouperont
par province et non par opinion.

Les fonctions de membres des assemblées délibérantes seront gratuites, à l'exception de celles
de députés aux assemblées provinciales qui donneront droit à une indemnité de 1,000 fr. comme
frais de déplacement, celle de députés à l'Assemblée nationale qui donneront droit à une indemnité de 6,000 fr. pour frais de résidence. Celle
de grands conseillers des provinces qui donneront
droit à une indemnité de 12,000 fr. comme frais
de représentation. Les grands conseillers des
provinces pourront administrer les grands départements ; ils devront, en outre, inspecter à tour de
rôle les préfets et les départements ; ils devront
tenir leurs séances dans la même ville que l'Assemblée nationale à sa proximité et envoyer un délégué
à chacune des séances de ladite Assemblée.

Pour simplifier le vote budgétaire, il se divisera
en budget ordinaire qui sera toujours le même
et sera voté en bloc et en budget extraordinaire
qui sera voté par paragraphe. Pour sauvegarder
le Grand-Livre de la dette publique, il sera trans-
crit en trois exemplaires qui seront placés dans
trois résidences différentes, à savoir : l'original au
ministère, une copie à Bourges dans un fort, la
troisième à Toulon sur le vaisseau amiral de la
flotte militaire.

PROJET DE LOI SUR L'ASSEMBLÉE NATIONALE

L'Assemblée nationale ne peut être dissoute que par la fin de sa session, par un plébiscite provoqué par le vote unanime des conseils généraux approuvé par le conseil des ministres ou par un décret motivé du Chef du pouvoir régulier et définitif, pour cause d'intérêt public, d'après l'avis unanime de tous les ministres.

Pendant toute la durée de sa session et pendant le temps de ses vacances, l'Assemblée nationale déléguera une commission de permanence dans une autre ville pour la représenter constamment et empêcher sa dissolution.

En cas de dissolution illégale, c'est-à-dire qui n'est produite ni par la fin de sa session après 12 ans, ni par le vote unanime des conseils généraux, ni par un décret motivé du Chef du pouvoir définitivement établi et sanctionné par le conseil des ministres, l'Assemblée nationale a le droit de se réformer dans n'importe quelle ville du territoire français et les troupes de la division militaire devront former sa garde.

L'Assemblée nationale fixe chaque année : 1° Le lieu de sa résidence fixe ; 2° Elle désigne par l'organe du bureau de la présidence et par vote secret, le lieu de six résidences temporaires en cas de danger, sur laquelle son président choisit celle qui lui paraît préférable, sans la divulguer, si ce n'est en temps utile.

L'Assemblée nationale, pour sa sûreté, doit se trouver dans un édifice entouré de grillage, à proximité de deux casernes d'artillerie pouvant contenir trois régiments de cette arme. Ces troupes devront accompagner l'Assemblée dans ses résidences et ne jamais quitter son service même en temps de guerre, vu que l'Assemblée représentant le pays, l'armée en la protégeant défend la patrie.

L'édifice construit pour les séances de l'Assemblée nationale devra se trouver placé ainsi que celui construit pour les séances de la Chambre haute, sous la protection d'un fort de l'importance de celui du Mont-Valérien.

Tout rassemblement sera interdit à une certaine distance de ces deux assemblées, sous peine de 1,000 fr. d'amende et de deux jours de prison.

Aucun citoyen ne sera admis à se rendre à l'assemblée nationale avec des armes.

Le commandement des troupes chargé de la défense de l'Assemblée nationale, sera confié à un général faisant partie de l'Assemblée et nommé par le bureau de la présidence.

Ce général devra prêter serment de sauvegarder l'Assemblée et en cas de violence exercée contre elle, il sera jugé par un conseil de guerre composé des officiers qui feront partie de ladite Assemblée.

Le général chargé de ladite garde recevra un traitement de 20,000 francs et aura son logement à l'Assemblée.

Dans les villes où résidera l'assemblée nationale il n'y aura jamais de garde nationale et le commandant des troupes sera nommé par le président de l'Assemblée.

Toute violence exercée contre un député dans l'exercice de ses fonctions sera punie d'une peine de trois degrés inférieure à celle qui est appliquée

aux incendiaires, vu que l'Assemblée est confiée
à la sécurité publique et que sa dissolution est
une usurpation, un vol, un délit envers la
patrie.

L'Assemblée nationale, lorsqu'elle se transpor-
tera dans une ville, devra fixer l'effectif de sa
garnison, laquella se rendra à sa résidence huit
jours avant l'arrivée de l'Assemblée et le ministre
sera tenu d'envoyer les troupes demandées.

L'assemblée nationale ne pourra jamais résider
dans une ville dont la population dépassera
40,000 âmes et dont la garnison contiendra un
effectif de moins de 12,000 hommes, dont moitié
en régiment d'artillerie à moins que l'Assemblée
ne constitue une commission de permanence per-
pétuelle siégeant à Bourges. Dans cette occurrence,
l'Assemblée nationale pourrait siéger dans une
ville plus importante, si elle trouvait toutefois
dans cette dernière ville la même tranquillité et
la même indépendance pour élaborer les lois, vu
qu'il ne faut pas sacrifier la France à une seule
ville, l'Assemblée pouvant se trouver sans défense
à Paris en cas de guerre, par suite de la population
interlope et du départ des troupes. Cette commission se composerait de 20 membres élus au scrutin et renouvelable tous les trois mois. Elle aurait
plein pouvoir en cas de dissolution forcée et
représenterait l'Assemblée qui se trouverait par
le fait de sa com ission non dissoute. Les membres de cette commission pourraient voter par
voie télégraphique.

Alfred de CHAULNES.

LE PUY, IMPRIMERIE DU VELAY.

www.ingramcontent.com/pod-product-compliance
Lightning Source LLC
Chambersburg PA
CBHW070749280326
41934CB00011B/2849